スノードームに魅せられて

百瀬博教

今宵のままに

新川和江

閉じこめよ スノー・ドーム
今宵の雪を 閉じこめよ
明日になれば あとかたもない
春の雪
教会の屋根に
歩道橋に
すずらん燈に
街路樹に
ふたりの肩に 降る雪を
今宵のままに スノー・ドーム

時が過ぎて
街が 廃墟になっても
ふたりが それぞれの場所で
それぞれに老いても　スノー・ドーム
おまえの中に 降る雪は
永遠に あたらしい
若い肩を寄せ合って
しあわせに満ちて 雪の中を
どこまでも 歩いてゆくだろう
わたしたちふたりは スノー・ドーム

●新川和江（しんかわかずえ）

1929年、茨城県生まれ。15歳の時、西条八十に師事。53年に第一詩集『睡り椅子』を出版。詩集に『ローマの秋・その他』（室生犀星賞）、『ひきわり麦抄』（現代詩人賞）、『星のおしごと』（日本童謡賞）、『けさの陽に』（詩歌文学賞）など多数ある。2000年、勲四等瑞宝章受章。詩人としての百瀬博教の才能を最初に認めた人の一人である。

目次

【スタッフリスト】　編集・デザイン:塩澤幸登　　撮影・写真提供：塩沢 槙,　中川隆司、吉村誠司
編集協力：安西水丸、宇田久美子、井上然仁、池尻スノードーム美術館　　装幀：弓永重明

スノードーム事始め

スノードームを教えてくれたのは、安西水丸だ。彼と二人で旅したアメリカの旅から、東京に戻った数日後である。

「水丸さん、ニューヨークのアンティークの玩具屋で、俺の目を気にしながら何か買ったでしょう。怪しいもの…」

「違います。とても美しいスノードームを見つけたので買ったんです。でも、大のおとなが買う姿見られたくなかったんです」

それから直ぐスノードームを見せてもらった。私は、水の中ではらはら散る雪に感動した。小学生の時に三保ノ松原や箱根で見て買わなかった丸いガラス玉を想い出した。その時から、

世界中のスノードームを蒐めるようになった。自分一人の力は知れている。阿部勤、津久井英明、常磐新平、秋元康、森達次、本間正章、田中和雄、思いやりある友人、知人達の協力を得て千個ほどのスノードームが我家にやってきた。

一つ一つが小宇宙を醸し出すスノードームの魅力は尽きない。ニューヨークバージョンでさえ指の数以上もある。

星の王子様との出合い

初めてスノードームを土産にくれたのは、一年に三度フランスへ旅するスタイリストの高山昌代だ。彼女はこれまでに10個以上、めずらしいものを探して来た。歯刷子、エンピツの先に小さいスノードームが付いたものもあった。そんな中でも「星の王子様」は逸品だ。

これを手にした半年後、銀座で行われたフランス展で、星の王子様のスノードームを見つけた。その後、六本木の「ブックセンター」にも同じものがあった。

サン・テグジュペリ著「星の王子様」の挿絵も可愛いが、これも可愛い。

宇宙人は緑色だった

「地球は蒼かった」

人類初の宇宙飛行に成功した、ソ連の軍人ガガーリンの言葉だ。凄い発見だった。〈俺も見てみたいな〉、しかし、五メートルの場所から下を見ても目が廻る私には夢でしかない。手塚治虫の漫画は大好

きだったが、宇宙ものやSFものは苦手だった。しかし、小学校四年生の時に同級生の矢村から教わった宇宙人の絵は今でも描ける。私の宇宙人も頭は大きいが、くるりと巻いた長い毛が

あり、星の付いた服を着て、右手にピストルを構えている。緑色の親子の宇宙人はとてもユニークだ。彼等と会ってみたいが、高度恐怖症なので無理な話だ。

二十三歳、ロンドンにて

二十三歳の春、初めてロンドンに行った。JALのカウンターで教わった小さなホテルに泊まる。同宿の日本人はセメントの研究でやって来たと言った。彼の案内で、セントラルサーカス、ロンドン塔、バッキンガム宮殿を見た。絵はがきで見覚えのある宮殿衛兵に近付き、並んだ写真を願うと、

「クイックリー（早く）」

と言って、体は1センチも動かさなかった。この頃、スノードームを知っていれば、今ならレアものが数個は蒐まっていたはずだ。この時の旅で、ストックホルム、コペンハーゲン、マドリッド、モナコ、パリに行ったが、買物はシャツ、セーター、トレンチコート等着るものばかりだった。

一九九一年、レイトンハウス・チームの出場するF1ハンガリー大会を堀口圭一と見に行った。帰りにロンドンへ寄り、美味しいカレーを食べてからキングス通りの昔泊まったホテルを探しに行った。「ヨーク・ホテル」は残っていた。

LONDON

LONDON

LONDON

LONDON

立教大学文学部出身　同窓生

周防正行監督の映画は「シコふんじゃった。」から見た。神聖な土俵に恋人に代わって女が上ったり、土俵の下で太腿がセクシーなチアガールがボンボンを使って応援する場面にはショックを受けた。素人ながら国技館の本土表で相撲を取った者としては絶対に発想出来ない物語だ。

一日、立教大学相撲部監督の堀口圭一が、「今、学生相撲の映画を作ってる後輩の周防監督に色々相撲部のしきたりなんか教えてるんです。映画のスポンサー探ししてますから先輩もいくらか出して上げませんか」

「馬鹿言うな。今映画は下火だぞ、それに学生相撲の映画なんて誰が見にくるか」

ドキュメンタリー・タッチのものと勝手に思っていた私は一円の金も出さなかった。しかし、映画が封切られる前に堀口に紹介された周防はその精神が正しい男だったから、大いに気に入った。

「ブラックプールでこんなスノードーム見つけましたよ」

●周防正行（すほうまさゆき）
1956年生まれ、東京都出身。日本映画監督、脚本家。妻はバレリーナで女優の草刈民代。立教大学文学部フランス文学科卒業。91年に大学の弱小相撲部を舞台にした『シコふんじゃった。』を製作。そして96年に『Shall we ダンス?』で日本アカデミー賞の監督賞と脚本賞を受賞。新作は、痴漢冤罪を描いた裁判劇『それでもボクはやってない』。07年1月の封切り。

周防はきっちりとした性格だから、自分が手にもしていないものについての予告はしない。上段のスノードームもイギリスまで「Shall we ダンス?」のロケ地の下見に行った時、ブラックプールの街の土産屋のガラス越しに見つけたという。が、時は冬で観光客もないからどの店も閉っていた。彼は暖かくなった二度目のブラックプールで、やっと手に入れた。

「売れちゃったらどうしようかと思いながらウィンドーを覗くと、ありました。うれしかったです」

周防は海外に行く度にスノードームを買ってきてくれる。

ハッピィウェディング

真夜中にFAXが届いた。

「結婚します。お相手は草刈民代さんです。
周防正行」

毎年12月31日に我が家へ来て、新年を迎えていた監督とこれからそれが出来なくなるのだと思うと花嫁になるバレリーナがにくらしい。しかし、思い直して祝いのFAXを送った。

周防正行
嗚呼
俺の天使
渾身より
祝福します

周防と草刈の結婚記念にGOOD—LUCKの文字の前で嬉しそうにケーキをカットしようとしている二人のスノードームをプレゼントした。ダンスする新郎、新婦のものにはピンク色のボアのような飾りがあって面白い。スマートな二人が寄り添っているスノードームは、くるりと底を向けるとゼンマイのネジがある。それを廻すとウェディングマーチのオルゴールが鳴り出す——結婚祝の品としてスノードームは誰にも嬉こばれる。

面白ドーム物語

このページに飾られている四個のスノードームにはとても愉快なエピソードがある。安西水丸はこの形こそ本当のスノードームと、ごてごてデコレーションの付いたものは嫌っている。

　スノードーム発祥の地はパリだが、大きなガラス玉のスノードームも時が流れると売れ行きも悪くなった。どうしたものかと思案したスノードーム製造会社の社長は悩み、

「何かいい考えはないか」

　社員達を集めて、色々な意見を聞いた。が、誰もが丸いガラス玉の発想からは離れられなかった。

　雪の日、兜虫スタイルのフォルクスワーゲンに乗っていた社員の一人が、車をバックさせるので後

部の窓に目をやった。「これだ」そう彼が叫んだかどうかは知らないが、翌日、社長に半円形のスノードームはどうでしょうと告げた。試作品をこしらえてみると、コストも低いし運ぶのも球状のガラス玉に比べてだんぜん安心だ。出荷してみるとクリスマスの日のショート・ケーキみたいに飛ぶように売れた。

兜虫といえばフォルクスワーゲンという時代は長かったが、いまは見かけない。古いフォルクスワーゲンをどこかで見つけたら後部の窓の形をじっくり見てほしい。

水の中に三人の女。三人で思い浮かぶのはダイアナ・ロスのいたシュープリームス、伊藤蘭、田中好子、藤村美樹のキャンディーズ。今の歌手はソロで、三人組は世界にもいない。

石井館長の贈り物

大きな箱が受付に預けられていた。開けてみるとスノードームが四十個近く入っていた。総てウェスト・ジャーマニー製。ドイツものは世界中のスノードームの中で一番というくらい色彩が鮮やかなのだ。一夜、正道会館の石井和義にスノードームを蒐めていると話したことがある。彼はそれを覚えていてくれて、K—1スイス大会に行った時、今は亡きアンディ・フグ選手の案内した土産店でこれらのスノードームを買ったらしい。

「赤ずきんちゃん」、「白雪姫」、「チルチルミチル」、「蛙にされた王子」等、幼い頃知った童話のスノードームをたくさんもらって、私のコレクシヨンは花盛りとなった。

NESSIE

MONACO

ROMA-S. PIETRO

FANTASTIC WORLD

HAPPY DOLPHIN

TOUR EIFFEL

HEIDELBERG

NEW ORLEANS

AUSTRALIA

NIAGARA FALLS
CANADA

SACRE - COEUR

ウィーン、『第三の男』の観覧車

ウィーンには三度旅している。「第三の男」で見たハリー・ライムとアメリカの三流作家が乗った観覧車に、学生の頃から乗りたかったからだ。プランター公園の中にある観覧車を見たとき、感動した。そして映画の中で、

「イタリアでは三十年間血みどろの戦争が続いたが、彼等はルネサンスを開花させた。一方温厚なスイス、五百年平和を貫いた彼らの残したのは、鳩時計だけだ」

と、ライムが友人の三流作家に言ったゴンドラ21番に乗り込んだ。八畳の部屋ほどあった。客は私とガイドの二人なので広々としている。

「この中で結婚式をする人もいるんです」。

頂上まで上がったゴンドラから下界を眺めると人間が点のように見えた。

ウィーン土産の観覧車の入ったスノードームは、谷井澄子、臼井由貴子、安西水丸に貰った。アントン・カラスの弾くチターの曲「第三の男」は、世界中の映画ファンの胸を搏った。ウィーンは何度でも旅したい町だ。そこに観覧車があるかぎり。

エグザイルのヒロがくれたスノードーム

「わあ、MOMOSEさんてスノードームを蒐めてるんですか。近い中にロスへ行きますから何か面白いの探してきます」

エグザイルのリーダーHIROは、優しい男だ。

人間持ちつ持たれつだ
相手を立ててこそ
いつか自分も立てられる

これは俺が子供の頃から父に教えられたモットーだ。

ロスから戻ったHIROはこんなに超派手なスノードームを土産に買って来た。格闘家BOB・SAPP、マーク・コールマンのくれたスノードームも立派だったが、ディズニーランド50周年記念のミッキーとミニーのこれも素晴らしい。

「有難うHIRO」

HIROは人を立てることを知っている。彼と会う度にぐんぐんと力強く自己増殖しているのを感じる。三年後か五年後か判らないが、NHKの大河ドラマの主役を演じているHIROの姿を見るのを楽しみにしている。

千葉周作
柳生十兵衛
人斬り以蔵

どんな剣豪を演じても、HIROには似合う。

●HIRO（五十嵐広行・いがらしひろゆき）
1969年6月1日神奈川県生まれ。89年テレビ番組「DADA」のダンスコンテストでLMDに参加。翌年LMD改めZOOとしてシングル「ケアレス・ダンス」でデビュー。92年ボビーブラウンのツアーに参加。95年Dreams Come Tureツアー「wonderland」のサポートメンバーとして参加。96年ZOO解散。99年ヴォーカル&ダンスユニットEXILEが誕生。現在、グループのリーダーとしてメンバーをまとめ、同時にマネージメント事務所である（株）LDHの代表取締役社長として忙しい毎日を送っている。百瀬博教とは「新・東京百景」（上段写真・東京MXテレビ、土曜夜10時～10時半）で共演中。

50
Disneyland

信夫山のショートケーキ

　甘いもの好きだ。小学校時代はあんみつが大好物だった。叔母は市川の我家にやってくると必ず甘味屋へ連れていってくれた。そして中学生の私はあんみつを二つ注文する。あんみつを食べていると、
「ヒロちゃん、体を大きくしたいのなら、豆を沢山食べなさい」
と、信夫山が教えてくれた。彼は叔母の恋人だったので、何日も一緒に居た。信夫山は力士なのにとても酒に弱く、ビールをコップで二杯が限界。しかし、甘いものには目がなかった。羊羹、おはぎ、落雁、あん団子、どれもニコニコ笑いながら食べた。或る日、叔母の家で信夫山と会った。これから食事するところだった。が、食卓には大きな茶碗に盛られた炊きたてのご

飯と砂糖しかなかった。彼はご飯の上に砂糖をどっさりかけると、箸でまんべんなく混ぜた。どろりとしたものが出来上がった。甘いもの好きの私でも困った代物だ。

　びっくりして眺めていると、

「へんなおかずで食べるんなら、こっちの方がずっと好きなんだ」

　糖分を取り過ぎた所為か、石原裕次郎の恋女房北原三枝を筆頭に美女達から愛された信夫山は双差の信夫の名を残して早世した。彼は平幕時代、私の兄にジャズのレコードを買ってくれ、私には蔵前国技館の「櫓」でキジ丼をおごってくれた。とても優しい人だったから想い出は多い。その中でショートケーキの想い出が強烈だ。彼がワンホールのショートケーキを土産に持って来た。今まで食べていたものとは天と地ほど違う。クリームの美《う》味《ま》さといったらなかった。銀座の高級店で買ったらしい。想い出に節度がないと言われる私だが、未だかってあの日のショートケーキ以上に美味しいものに出合ったことがない。

　ニューヨーク、ボストン、ブダペスト、ウィーンでショートケーキを注文したが、やはり横綱若乃花にも勝ったことのある信夫山のショートケーキに軍配は上がる。

●信夫山治貞（しのぶやまはるさだ）
本名　本間栄。１９２５年年生まれ。福島県伊達市出身。身長１７７センチ、体重１０９キロ。40年初土俵。50年新入幕、最高位、関脇。得意技、諸差し、寄り。色白の柔軟な体格で、非力だが前捌きが巧くて差し身が良く、鋭い出足を生かして立ち合いから諸差しで一気に寄る取り口で上位陣を苦しめた。特に大兵に強かった。腰を強くするべく5キロもある底の丸い鉄下駄を履いて山手線に乗り、吊革に掴まらずに立ちながら何周も回ったりして、無類の研究熱心だった。連続して三賞を受賞した58年には大関昇進を期待されたが、古傷の腰痛が再発して果たせなかった。60年9月引退。晩年は椎間板ヘルニアに苦しんだ。77年9月没。廃業後は深川でアパートを経営した。写真の右後ろの少年が中学1年の百瀬博教。

ゾウさん、こわい

動物の中で大好きなのは象だ。今は全く覚えていないが、私は上野動物園でトンキーを見ているらしい。初めて象を見た幼い私は、「ゾウさんこわいよー」と泣いたという。中学3年生の私が虚勢を張って強がったとき、母親は『ゾウさんこわいよー』と泣いたくせに」と言った。剽軽な母は、幼い私が山ほど大きい動物を見て身を震わせて母の懐に飛び込み、泣き出したときの真似をして、私を大いにくさらせた。

象が好きになったのは、オリンピックの水泳で金メダルをとったジョニー・ワイズミューラーの演じる「ターザン」シリーズに出てくる利口な象やサブーの「ジャングル・ブック」を見てからだ。もっと好きになったのは、上野動物園の花形だったトンキーがエサを与えられず餓死させられた物語を読んでからだ。軍部は、空襲で動物園のオリが破壊され、もし猛獣が逃げ出し住民に被害を与えたら大変ということで、象などの毒殺を命じた。象を除く他の猛獣は毒殺されても、3頭の象だけは生き続けた。ジャガイモに注射器で毒を入れ、他のジャガイモと混ぜて食べさせようとしたが、鼻が発達しているため毒入りは口にしなかった。

しかたなく餓死させることになり、エサも水も与えない日が何日も続いた。象は前脚を上げてチンチンすればエサを貰えることを知っていたの

で、飼育員の姿を見るとチンチンをした。エサを与えられなくなってから最初の象は3日で倒れ、後の2頭は2ヶ月近く生き続けた。こんなに悲しい話はない。

地雷で右前脚をふっ飛ばされた象が10キロも歩いて治療されに行くテレビ番組を見たのは、4年ほど前。象を愛する人達の協力で、義足が作られるドキュメンタリーは、強く心を搏った。彼世に象好きはたくさんいる。彼等は象の巨体とその辛抱強さを愛しているからに違いない。象の入ったスノードームはなかなか見つけにくいが、これからもずっと象のものを探し続けたいと思っている。

アメリカンスノードリーム

美しい海辺で暮らしている娘は予知能力を持ったロマンチスト。或る日浜辺に流れ着いたスノードームを見つける。〈白馬に乗った王子が自分を迎えに来る先触れなのだ〉。彼女はボートでやって来た太っちょの中年男の妻となってニューヨークへ行く。これはデミー・ムーア主演映画「夢の降る町」。

「運命の女」のスノードームは悲しい。真面目人間の夫が、妻の浮気を知る。夫が男の部屋に入ると思い出深いスノードームが置かれている。冷静さを失った夫は、男を殺してしまう。夫が持ち帰ったスノードームの台座を妻が廻してみると台座の中に家族三人の写真がある。裏には「結婚二十五周年まで開けないで、美しい妻へ　君は僕の生きる糧」。
日本映画がしゃっちょこ立ちしようが、こんな物語は作れない。それは仕方がない、日本文化の中へスノードームが入って来たのはここ数年なのだから。

アメリカの気が利いたホテルには、自分のホテルの入ったスノードームが土産品として売られている。日本のホテルには一つもない。日本映画にスノードームが映るのはまだまだ先だ。

左のスノードームを真上から見るとこうなっている

メイド・イン・チャイナ

香港には四度旅した。初めて旅したのは昭和三十八年。その三十四年後、「ガリバー」の取材で行った香港は全く別の街だった。四度目は花田紀凱と一緒に行き、ゴールデンハーベストの社長蔡蘭（チャイラン）と「UNO」に載せる対談をした。取材後世界一美味しい乾燥マンゴーを買う為地下鉄に乗った。八月だというのに冬ものの紋付き袴の私を乗客達は不思議そうに眺めていた。メイド・イン・ホンコンのスノードームは世界中に広がっているが、当地では見つけられなかった。

「シコふんじゃった。」のアジア映画祭出展で、監督の周防正行と二人で上海へ行った。彼の人気で私にまでサインをせがむ人が居て楽しかった。上海「三越」までスノードームを探しに行ったが、その店の誰もがスノードームを知らなかった。

北京へ一泊旅行した。約束を破って迷惑を掛けた花田と二人で北京の中村善昌社長に謝りに行く旅だった。社長は気持ち良く許して、京劇見物をさせてくれた後で、孫悟空役の役者と舞台上で写真を撮ってくれた。その劇場で私はパスポートを落とした。拾ってくれた人のアパートを訪ね、お礼した。その数日後、北京からＦＡＸが入った。お礼を受け取った人が親切な日本人として地元の新聞に私の名前を告げたらしい。

小坊主もパンダもベトナムへ旅した人からのプレゼント。万里長城のスノードームは、ロサンゼルスの骨董店で見つけた。

THE GREAT WALL
萬里長城

船のスノードーム

毎年ヨーロッパ旅行する谷井澄子は、必ずスノードームを数個買ってきてくれる。彼女は歌舞伎好きで宝塚ファンでもある。昭和二年に建てた谷井家の庭には、小学生なら二十人は入れる防空壕があった。この家で片岡孝夫時代の片岡仁左衛門や宝塚時代からの踊の名手大浦みずきを紹介してもらった。仁左衛門の次女も宝ジェンヌ汐風幸で、私の祭衣裳として中村雀右衛門がこしらえてくれた御所の五郎蔵が着るものと同じ着物を見せるとワンピースの上にさっ

と羽折って、格闘家の佐竹雅昭と並んで写真を撮らせてくれた。下の写真がこの時の一枚だ。

この数年後、デイカプリオ主演で大ヒットした映画「タイタニック」は世界中の女性ファンの涙をしぼった。が、ここにあるタイタニック号のスノードームほど私をびっくりさせたものはない。何故ならスノードームは興奮を高めるものであって、今し、氷の海に沈む豪華船は悲運そのものだったからだ。これこそ遊び心の横溢する谷井ママでこその一品なのだ。ゴンドラやヨットはあるが豪華船のスノードームは少ないので見つけにくい。

●汐風　幸（しおかぜ　こう）

１９７０年５月生まれ。東京都出身の女優で元宝塚歌劇団男役スター。身長公称１６７センチ、血液型０型。父親は歌舞伎俳優の片岡仁左衛門。宝塚時代は日本物中心に父譲りの演技力と、技量・表現力ある男役スターとして活躍。毛並みのよさからか、高貴な人物を演じて貫禄・気品があった。退団後も舞台女優として活躍を続けている。

美の国、イタリアへ

平成元年、ミラノのモンツァで行われるF1グランプリ大会を観戦に行った。それが初めてのイタリア旅行だった。小学生のとき手塚治虫著「ふしぎ旅行記」を読んで以来、ピサの斜塔を見たいと思っていた。が、この旅の中でじっくりと味わったのは、ミラノのモンテナポレオーネ通りとミラノから列車で行ったベネチアの二箇所。列車がベネチアに着く前に、「ここが『ロミオとジュリエット』の舞台とされている村です」とガイドに教わった。ジュリエット役のオリビア・ハッセーが踊った鈴の踊りのシーンが脳裡に浮かんだ。

十九歳の春、恋人に「ゴンドリエ」を教わった。ゴンドラの船頭さん、私以外の女を抱いた彼を乗せないで。そして愛の歌を唄わないで。そんな歌詞だった。ミラノ土産のスノードームを貰ったのは、「ゴンドリエ」を知った三十五年後だ。ベネチアには三日いた。いか墨のリゾットは何回か食べたが、ゴンドラには一度も乗らなかった。ピサの斜塔はまだ見ていない。

松浦 プレゼンツ

「百瀬さん、こんなもの作ってみました」。

スノードームの中で「フォー・エバー・ヤング・アット・ハート」の帽子をかぶった私が、リングの横に立っていた。

「ありがとう。俺の人形入りじゃなくって、今度は浜崎あゆみのを作ってくれよ」

「ハハハ、あゆが何て言いますかね……」

「私、泳げないから水の底は嫌いって、怒るかもしれないな」

「彼女泳げますよ」

いつも正直な返事をする松浦は、自分が理解出来ない言葉や言い廻しには必ず聞き返し、納得するまでこちらの説明を求める。

松浦の作品を見た負けず嫌いな女が、誕生日祝に大きなハートを両手に抱えた私のスノードームを作ってくれた。110キロだった頃の姿だ。今は辛い減量をして91キロ。十年前から痩せろ痩せろと口をすっぱくして言っていた医学博士の田中義丈は今の体重に満足している。健康には留意して百歳まで生きるつもりだ。

良き友人のみなさん、どうぞよろしく。

●松浦勝人（まつうらまさと）
1964年生まれ。神奈川県横浜市出身、横浜市立金沢高等学校、日本大学経済学部産業経営学科卒業。通称MAX松浦・マックスまつうら。音楽プロデューサー、エイベックス・グループ・ホールディングス代表取締役である。

FOREVER

ハンプティ・ダンプティがお気に入り

頭に毛が一本も無いのに堂々としているキャラクター、ハンプティ・ダンプティが気に入っている。

四十二歳のある日、バスタブのお湯が見えなくなるほど髪の毛が抜けた。どんなことがあっても驚かない性格だが、湯の表面に浮かんだ毛の多さを眺めて心の底からがっかりした。

アフリカにウィッグを輸出していた会社を思い出したが、かつらはやめようと思った。

そんな時、慶応大学ＯＢの衛藤龍太から野球帽を貰った。

「FOREVER YOUNG AT HEATRT」

とネームが入っていた。「これだ」と行きつけの店で会うスポーツ店の男にその帽子を見せて１００個注文した。

出来上った。が、大いに気に入らなかった。ネームの入っている場所が平べったくなっていたのだ。

やはり慶応ボーイ、衛藤に頼んで、慶応大卒業二十周年記念の野球帽を作った伊勢丹へ注文してもらった。これを冠って世界中を旅した。

クリスマスの前夜、ニューヨークの貿易センタービルのレストランに入ろうとすると、笑いながら近付いて来た黒人のウェイターが油断していた私の頭に手を伸ばし、さっと帽子を取るとクロークへ持っていってしまった。

蛙が踏ん反り返っているのはその時の旅で見つけた。

今、ハマってます

～中学生流行通信～

●中学生毎日新聞
１９９８年８月14日号より

「だって水の中に街が沈んでいるんだよ。カワイイじゃないか」……そう言って目を細めるのは、かって石原裕次郎の用心棒を務めたという、迫力満点の作家・百瀬博教さん。

百瀬さんはいま、逆さにすると雪が降るロマンチックな丸い球体＝スノードームに夢中なのだ。意外にハマっている人はかなり多く、「日本スノードーム協会」なんて団体もあるらしい。今回は大人を虜にするスノードームの魅力に迫ります！

大人が夢中になる小さな世界、スノードームはロマンチック

◆スノードームのルーツ

スノードームとは観光地のお土産店によくある、水が入ったガラスやプラスチック製の置物のこと。手に持ってひっくり返すと、水中にハラハラと雪が舞い落ちてくるアレだ。

スノードームが最初に生まれたのはフランス。エッフェル塔が完成したとき、中に塔を入れたドームが造られたらしい。「おそらく土産モノだったんだろうな」という百瀬さん。

ハマったきっかけは10年前のニューヨーク。一緒に旅していたイラストレーターの安西水丸さんがコソコソ買い集めているのを目撃し、「なんでこんないいものオレに教えないんだ！」と怒ったそうだ（笑い）。で、その後はズブズブ。海外に行ってはドームを探し回り、周囲の協力もあって、いまやコレクションは１０００個以上になった。

◆「日本スノードーム協会」の実態とは？

「日本スノードーム協会」は日本で唯一のスノードームファンの団体。会員は現在１０００人を超えている。会長は安西水丸さん。ほかのメンバーも作家の秋元康さん、映画監督の周防正行さん、「トゥナイト２」でおなじみ石川次郎さんなど、そうそうたるメンバー。もちろん一般の人もいるし、10代後半の若者もいる。

「2年前に都内のデパートで『スノードーム展』を開いたよ。日本ではあまり知られていないけど、アメリカにもスノードーム協会があるし、マニアは大勢いるんだと百瀬さん。ロスやNYには「スノードーム屋さん」もあるそうな。

◆魅力は海のごとく深い

世界各国で売られているスノードーム。メード・イン・台湾や中国が多い。

そのなかで百瀬さんのお気に入りはドイツやスイス製。街をまるごと入れたものや、おとぎ話の1シーンを再現したもの……水晶玉のようなドームのなかに一瞬を切り取ったドラマがある。「日本のドームは、はっきりいってなってないよな」とぼやくのも無理はない。デザインもシャレのセンスも、ヨーロッパ物がダンゼン上だ。しかしなにより「水が入ってなかったら

ぜんぜん魅力を感じない」んだって。やっぱり「街が沈んでいる」のがポイントなのかなぁ。さすが百瀬さんって詩人……。

◆君もハマってみないか?

スノードームコレクターの好みは実にさまざま。風景や都市の入ったドームにこだわる人、記念モノを集める人、ビンテージものにこだわる人もいるという。

「なかには命かけて集めている人もいるよ（笑い）。でもオレはどんな種類でも関係ない。『これを見付けて、百瀬さんにぜひ買ってこようと思いました』なんて手紙と一緒にスノードームが届くと、うれしいんだよね」

旅先で、ふと自分と誰かを結びつけるスノードーム。実にステキなハマりものじゃありませんか。値段もそんなに高いものじゃないし、みなさんもぜひ雪降る世界にハマってほしいなぁ…と、ちゃっかりお土産に1個もらって帰った隊員でした。

安西水丸のスノードーム

イラスト●安西水丸

ALABAMA

PARIS

トンネルを抜ける汽車

拙著「空飛ぶ不良」を毎月連載させてくれたのは、「ガリバー」の編集長だった石川次郎。彼と糟谷隆と一緒に西麻布の料理店に入ってゆくと、石原慎太郎が食事していた。

「石川次郎です」

そう石原に挨拶したが、代議士は石川を知らなかった。

石原裕次郎なら

「やー、ジロー」

と返事しただろうが、編集者で顔と名の知れているのは、マガジンハウスの木滑良久くらいいなんだなと思った。

石川はマガジンハウスを辞めるとテレビ朝日の「トゥナイト2」の司会者になった。彼の顔はあっという間に東京中に知れた。「サイン下さい」なんていう若い女性まで出て来た。そうなった彼にスノードームを見せると大いに気に入ったらしかった。

旅に出たらお土産に買ってきてあげましょう。彼はそう言ったが、「島に逃げる」、「誰も行かないハワイ」など、熱風の吹く土地が好きなのを知っていたのであまり期待はしなかった。何故ならスノードームは雪の降る都市の土産ものだからだ。

沢山見つけて来ましたよ。本当だ。石川の事務所の机の上には10個を越すスノードームが置かれていた。

「ありがとう、ジローさん」

一番気に入った汽車がトンネルをくぐるのに手を伸ばすと、

「それ、僕んです。ね、汽車のやつ、いいでしょう…」

〈次郎のシミッタレ奴。見せびらかすなら俺を呼ぶな…〉あれから十年、あんなに気に入ったのと、まだめぐり会っていない。

ジャポニズム・スノードーム

小学校四年生の夏休み、総武線市川駅からおとぎ列車に乗って、三保の松原へ行った。

「いいかい。まつぼっくりで作った鷲や貝殻で作った置きものが土産屋にあるけれど、買っちゃ駄目だよ」

出掛ける前夜、曾祖母が言った。

「はい」

素直な私は曾祖母に「三保」と彫られた杖を一本だけ買って土産にした。百円だった。

「ありがとう。助かるよ」

曾祖母は足がしっかりしていたが、何日か使うだろうと思って買ったのだ。

それから四十八年後、南青山の「ビリケン商会」で、これぞ日本のスノードームとも言うべきものを見つけた。それは天女の羽衣を干したと言い伝えられている天女の松の近くの土産屋で見たものそっくりだった。ガラス玉の中に水、ほしかったが持って帰るのは危ないのであきらめたものだ。私はショーウィンドーから出される前に買うと決めていた。

高木さんのパリ土産

旅したらスノードームを買ってきて上げますよ。知人、友人の誰もが私のコレクションを見せるとそう言ってくれる。が、

残念だが、スノードームを旅先から持ち帰る人は少ない。持って帰って眺めている中に、好きになって上げたくなくなってしまうこともあるのだろう。

そんな人たちの中で、毎月百万部も売れた「平凡」の元編集長高木清はいくつもスノードームをくれた。それは総てパリ土産だ。何故なら彼は「平凡」創始者でフランス映画好きのマガジンハウス会長清水達夫に似て、会社を辞めた今でも一年に一度は愛妻と共にパリ旅行するからだ。白いコートを着て立つ彼の後ろにあるのは、8メートルもあるスノードームを似せてこしらえた飾りものだ。

パリといえばエッフェル塔、それはニューヨークのエンパイアステイトビルディングと並んでどんな小学生でも知っている有名な建物だった。

二十三歳の時、クウェート旅

行の途中でパリに寄り、「ムーランルージュ」で遊んだ翌日、エッフェル塔へ上った。

高野ひろしとペンギンの物語

高野ひろしは日本で一、二番のペンギングッズのコレクターだ。

彼は落語についても詳しい。春風亭昇太の「力士の春」や立川志の輔の「躍るファックス」を私に教えてくれた。彼は人間なら三、四歳の大きさの樹脂製のペンギン人形を持って、休みの日には大阪あたりまで出掛けてゆく。そして、通天閣名物ビリケンとペンギンのツーショットをカメラに納めるのも趣味だ。

彼と初めて会ったのは、マガジンハウスのパーティ。その夜もペンギンを抱えていた。

面白い男なので、その年、私の主催する祭の会へ呼んだ。「志ん朝師匠にペンギン抱いて戴いてよろしいですか」。客で来ていた志ん朝は気持ち良くペンギンを膝の上にのせた。

●古今亭志ん朝（ここんていしんちょう）

本名美濃部強次（みのべ・きょうじ）。１９３８年3月10日、東京生まれ。５代目古今亭志ん生（ここんてい・しんしょう）の二男。57年に父に入門し、59年に二ツ目、62年に真打ちに昇進し、志ん朝を襲名。同年に東映「歌う明星・青春がいっぱい」で初映画、芸術座「寿限無の青春」で初舞台。

得意演目は「火焔太鼓」「愛宕山」「三枚起請」「文七元結」「お直し」「強情灸」「船徳」「明烏」など多数。

芸術選奨文部大臣賞、放送演芸大賞、ゴールデンアロー芸能賞を受賞。96年に落語協会副会長に就任した。

２００１年10月肝臓ガンにて逝去。享年63。

雨の日に出会った女《ひと》がくれたスノードーム

西洋史の授業を終えて教室を出ると、篠つく雨だった。大雨の中を第一食堂裏の相撲部道場まで走っていけばいいのだが、逡巡していると傘をさした浅野純子が目の前に現れた。

「入れて下さい」

あっという間に彼女の傘に入った。下さいの言葉を使ったのは彼女が上級生だったからだ。びっくりしている彼女の傘の柄を掴んで進んだ。二人は何も喋らない。80メートルほど歩いたところに藤棚がある。そこまで行ったら傘から出て駆け出せばいいと思っていた。

二年後、NHKの職員となった彼女と赤坂で邂逅した。ナイトクラブに踊りに行こうと強引に誘ったが、一笑に付された。

それから35年後、立教のパーティで彼女と再会した。相変わらず綺麗だった。その数カ月後、彼女から手紙が届いた。いい感じの写真が一葉入っていた。さすが写真部だっただけのことはある。

お礼のはがきに、私の主催する祭りへの誘いを書いた。祭にやって来た。その日、スノードームの話が出て、爾来彼女は旅に出ると、スペインのピレネーの小村タウールで見つけたという九百年前の教会が入っているスノードームなどを買ってきてくれるようになった。

彼女が乗っていたバスが、パキスタンのカラコルム・ハイウェイで故障した。迎えに来た小型バスの横腹に「奥入瀬玉川温泉」の字があった。この旅で、「西八王子自動車教習所」と記されたバスにも出会ったという。

ただ今名作、撮影中

「市民ケーン」、「女性手帖」、「雨のニューオリンズ」、「運命の女」、「アベンジャーズ」。スノードームの出てくる映画は数えきれないくらいある。私が映画の中で初めて見たのは「市民ケーン」だったが、階段をころがり落ちるガラス玉が何なのか全く知らなかった。映画雑誌「キネマ旬報」の掛尾良夫とスノードームについて話した二年後、

「ロンドンでこんなレアものを見つけました」

と言ってプレゼントしてくれたのがバットマンだった。それには水が半分もなく、見るからに古そうなものだった。とても気に入ったので、「旅に出たら必ず探してくれ」そう願ったが、バットマンの次の土産はロバート・レッドフォードのサインだった。

マリリン・モンローとエルヴィス・プレスリーは安西水丸がくれた。二〇〇六年七月、小泉純一郎首相はブッシュ大統領とプレスリーの墓参りをした。首相は墓の前で歌って踊ったらしいが、プレスリーのスノードームは持っていないだろう。純ちゃん、一報くれれば私のをプレゼントしますよ。

Marilyn Monroe

天使の誘惑

エンジェルは誰のハートめがけて恋の矢を放つのか。愛らしいエンジェルのスノードームを数個持っているがニューヨークで活躍中のカメラマン宮本敬文がくれたこれは気に入っている。星、月、天使の三つは全てアメリカ土産。左頁の天使は太陽のまぶしい海で泳ぐのが大好きな恋人がハワイ旅行した時にデパートで見つけた。高さ25センチほどの大きさだが、白一色なのでとても神々しい。天使の顔の上の輪も薄い金色仕上げなので上品なスノードームになっている。

富士山五合目

富士山五合目の立看板があるスノードーム（日本製）を見つけたのは、ロサンゼルス。煉瓦塀の美しいアンティークショップで買った。大きな売場にいくつもいくつもウィンドーケースが置かれていた。そこには百年前の料理皿セットや絵画、壺、人形、キルティングなどが飾られていた。とても立派な建物だったから勘定を払う時に、昔は何に使われていたのか尋ねると、

「ここは十年前までパンの工場だったのです」

と、釣銭をくれた品のいい老人が答えた。

「古いスノードームはありませんか」

「ございません。古いものはすっかり水が抜けて売りものにはならないのです」

スノードームコレクターに成った頃、アメリカに人気のある「スノードーム博物館」が二つあるということを教わった。それを調べてくれた東京大学の学生に見学したいので詳しい資料を送ってほしいとの手紙を書いてもらうと、返事が来た。

「とても古いものもありますが、全て中の水がありません。飾るには忍びないので倉庫へ片付けました。お見せ出来ません」

あれから十七年、その当時集めたスノードームの三分の一は中の水が半分になってしまっている。そして、１１０キロだっ

た私の体重も90キロになった。生きとし生けるものは、水気がなくなったらお仕舞いだ。

スノードームの美しさは、たっぷりとした水の中で舞う雪の美しさにある。今の私は古くなって水の欠けてきたものを、どう復活させるかに悩んでいる。

「富士山五合目」のスノードームが手に入った時、うれしくて萬歳しそうだった。安藝の宮島、桜島、グラバー亭、松島、山寺、札幌の時計台、日本中の名勝地でそれぞれの凝ったスノードームが売られればどんなに楽しいだろう。

富士山の腹に金運大明神のスノードームは私個人のものとして台湾で作らせた。とても評判がいい。

大阪通天閣のジャズ人形

大阪といえば通天閣。塔の中央に日立モートルの看板が、何故か印象深かった。この塔を知ったのは大阪の将棋名人坂田三吉を阪東妻三郎が演じた「王将」である。西條八十作詞の「王将」は村田英雄が唄って大ヒットした。通天閣には大きなビリケンが置かれている。その足の裏をくすぐると運がやってくるらしい。一日、安西水丸と二人で初めて通天閣に昇った。ビリケンの足の裏をこちょこちょとやってから、土産売り場へ行った。その時一つだけ置かれていたのがこれだ。裏返してネジを巻くと、オルゴールのサザン・オールスターズの曲が流れた。通天閣とジャズ人形のスノードーム。似合わねえなあ。

自由の女神も緑色だった

ニューヨークへ旅する時、どっさり餞別をくれた男が、絶対、自由の女神を買ってきてほしいと言った。かなりの年になるまで自由の女神の像がグリーン色とは知らなかった。パンナムのスチュワーデスになった恋人の母親からエアメールが届くまで…。餞別どっさり男に、「お土産だよ」。6キロはある自由の女神を渡すと、「やっぱり百瀬さんはきちんと約束を守る」と、大喜びしてくれた。この時はまだスノードームを知らなかった。スノードームを初めてニューヨークで買ったのは、三度目の旅。エンパイア・ステートビルの土産店で見つけた。

哀愁の東京タワー

東京タワーは年月を重ねるごとに素晴らしいと感じている。一度目は大学一年生の時。二度目は石原裕次郎主演の「雲に向かって起つ」に出演した時。三度目は「高い所は苦手なんです」と言った、エグザイルのＨＩＲＯとＭＸテレビ「新・東京百景」の撮影で昇った。十八歳の私は本物を見たこともないのにエッフェル塔のファンで、エッフェル塔より30センチ高い、が売りものの、東京タワーを軽んじていた。

窓から東京タワーの見える部屋で暮らしている。応接間に入った客の誰もが「いい眺めだ」と感心。仲のいい姉妹が来た。その数日後、妹の方が「どうしても恋人と夜明けの東京タワーを見たい」と懇願した。承知して二人が来る夜は早々に奥に入った。朝まだき騒しいので応接間に行くと、妹と姉の恋人が言い争いしていた。二人の約束がいつの間にか四人になっていたので怒る気もしなかった。

ニューヨーク、ニューヨーク

アメリカといえば、当時、超高層建築、ニューヨークのエンパイアステイトビルディングだった。このビルの存在を知ったのは、小学生の時に買った「児童年鑑」（のばら社）だ。挿絵が多かったので、ビジュアル好きな少年にはたまらない本だった。

フランス国民がアメリカ合衆国の独立百年を記念して贈った自由の女神が緑色だとは知らなかったのは、三十歳過ぎまでカラー印刷された女神像と出合わなかったからだ。

ヨーロッパから船で来た移民の総てが見上げた女神像を遊覧船から見たのは三度目の旅だった。十二月の霧の深い夜だったから、あまり良く見えなかった。この船に乗り合わせた新婚旅行中のカップルに千円札を一枚プレゼントすると、二人は古いニューヨークの街の写真集をくれた。

アメリカ土産

ゆく春や逡巡として遅ざくら　蕪村

THE END OF SPRING
LINGERS IN THE CHERRY BLOSSOMS.
BUSON

藤原ひろしのこと

NIKE社長、歌手のエリック・クラプトン、K―1ファイター山本キッド。藤原ひろしの周囲は多士済々だ。そんな彼が10年以上も前に私の主催する祭を見物に来たことがあるらしい。彼の存在を知ったのは、エリック・クラプトンを案内して桜庭和志の試合を見に来てくれた時だ。

当時、二人の名前さえ知らなかった。私のすぐ近くでクラプトンが桜庭と握手しているのを見ても、それが誰だか全く判らない。その日クラプトンと並んで写真を撮った。そのきっかけを作ってくれた藤原と会う度に親しくなった。彼の歯に衣着せぬもの言いが気に入ったのだ。

寿司の好きな私を小倉の寿司屋へ案内してくれたり、六本木のインドカレーを御馳走してくれたりした。彼とスノードームについて話した一年後、コムデギャルソンのスノードームをプレゼントしてくれた。ロンドンでめずらしいの見つけたら買ってきます。楽しみにしているが彼好みのものにはまだ出合っていないらしい。

酒は百薬の長とはいうが

酒といえば、石原裕次郎、彼ほどの酒豪は見たことがない。高校時代の彼は、湖で泳ぐ前に友人と二人でウィスキーのボトルを二本も空けたという。

父も四十歳から酒の味を覚えて少しは飲んだが、笑い上戸で、酔うと普段は口にしないまんじゅうを食べた。子供の頃、深酒をして父に殴られている若い衆を何人か見たが、酔っぱらいほど哀しい者はない。

裕次郎は大スターになっても酒を止めなかった。鹿のように美しい躰を持った彼があんなに早く亡くなるとは思わなかった。酒は百薬の長だが、ほどほどが良い。

札束が空から降ってくる夢

六歳の時、大人だったら楽に飛び越えられる小さな川を流れてきたお札を二十枚ほど拾ったことがある。小学校四年生の時、父がなくした財布を私が発見した。どっさりお金が入っていたので、空色に塗られた22インチの自転車を買ってもらった。中学生の時、教室で「冒険王」、「おもしろブック」、「譚海」等の古本を売って、カツ丼十杯分の金を手に入れた。翌日、俺の真似をした級友は職員室に連れて行かれた。

バブル時代は天からお金が降ってくるようだった。止まぬ雨はない。金の雨も三年で上がった。またまた金の土砂降りの予感がする。毎日天を見上げている。

キナさんの赤いハート

真っ赤なハートのスノードームは生命を持っているようだ。マガジンハウス会長木滑良久に見せると大事そうに両手で持って軽く口付けした。それから、「僕の心臓みたいだ」と独り言ちた。会長は水泳が趣味で、週に何回かプール通いしている。人間は昔魚だったから仕方ないが、大のイルカ好きだ。イルカのスノードームを二つ持っていたので一つプレゼントした。

大きな手の色違いの五本指

親父は手の大きい人だった。子供の頃いたずらが過ぎて父親に平手打ちされた。掌に、人間なら二十人を乗せられる奈良の東大寺の大仏を見上げたのは高校の修学旅行。鎌倉の大仏の指は十八歳の夏に白いワンピースの水着の似合う恋人と眺めた。常陸山、双葉山、雷電、大鵬の手型はとても立派だが、石原慎太郎、石原裕次郎、長嶋茂雄のエンピツで取った手型も格好いい。ニューヨークから届けられたアートの指のある手を眺めて、色々な手を思った。

おしゃれな浴衣の似合う女《ひと》

マガジンハウス「オリーブ」の記者だった臼井由貴子はスノードーム探検隊隊長としてやって来た。二人の隊員（女の子）を連れていた。スノードームを見たことのなかった二人は掌に取って、「可愛い」を連発した。

臼井は結婚してからも、私の出版パーティ、トークショー、絵画展に顔を見せてくれた。その時、旅先で見つけたというスノードームの土産をくれた。バンクーバー、ロンドン、サンタクロースバージョン、そして横浜のものもあった。

「同じスノードームをお持ちでしょうが、こんなもの探して参りました」

彼女は何時も控え目にそう言った。そんな彼女が、私の主催する「鳥越祭を愉しむ会」の会

場へ、フランスで一番知名度が高いと言われている歌手の野宮真貴を案内して来た。その日の二人はおしゃれな浴衣をきちっと着ていた。野宮は「一番ピカピカだった頃の東京」の香りがした。そして臼井のお侠ぶりは浴衣姿に相俟って深川育ちの女のようだった。

ピエロが二人いるスノードーム

三越本店でスノードーム展を行ったのは平成八年の二月二十七日から一週間だ。柴田良三がニューヨークの友人から送らせたスノードームを五個抱えて会場にやって来た。二人のピエロが子供の頭ほどの玉を目よりも高く自由自在にお手玉よろしく飛ばしているスノードームが気に入った。お手玉遊び

は子供の頃どこでも見た。普通は3個くらいなのに6個のお手玉を楽々とこなすクラスの女の子に惚れ惚れした。「サルティンバンコ」で見た娘は12個もお手玉した。

スノードームの中に地球より大きな虎がいる

ロンドン留学から戻った宮本純子からＳ　ＦＡＢＲＩＣのネクタイを土産に貰った。黒地にいくつもの虎の柄の入ったものだ。

「この虎はとても縁起のいいものらしいですよ」

〈虎の柄ねえ〉と思っていた私にもう一つ土産があった。包装紙を破る前からスノードームと判っていた。箱をあけると地球の上にサーカスの虎がバランスをとって乗っている姿が水中で輝いていた。

アメリカ、ベトナム、インド等へ旅した彼女から数個のスノードームをプレゼントされたが、何時も地味目だった。ロンドン留学は大成功だったらしい。掌の上に乗せた虎の力強さを眺めながら思った。

変わりフィギュアスノードーム

変わりフィギュアスノードームを最初にくれたのは、小出とよ子だ。彼女は、或る夜突然我が家に電話を掛けてきた。「博教デンワだぞ」父にそう言われて出てみると知らない女だった。こんなことは初めてのことだったのでびっくりした。当時、高校三年生の私は市川市長選挙の街頭遊説隊として働いていたので、私の応援する候補者が当選した後に彼女と会った。初めて見る彼女は可愛かったが、何のことはない、相撲の稽古を友達と見に行ってもいいかとのことだった。あれから五十年、先日も彼女は花林糖を届けてくれた。「ねえ、私達これから先、何か起こるかしら」「いや、何も起こらない」。昨日、塩澤幸登著「ＭＯＭＯＳＥ」を送った。

男の紋章、百瀬半纏

イラスト●河野康子

安西水丸の生徒だった河野康子の絵だ。彼女は口数が少ないので、何を考えているのか判らなかったが、毎年六月に私の主催する「鳥越祭を愉しむ会」にはやって来た。

一日、河野から個展の案内状が届いた。会場であるペーター佐藤の元アトリエへ水丸と行った。彼女がベニヤ板に色鉛筆で描いた個性的な絵は面白かった。

「俺に一枚描いてほしい」

手紙で注文すると、半纏、桃カステラ、一合枡が入ったスノードームの絵が届いた。寡黙な人だが見る所は見ているんだなと感心した。

力道山の魂に捧げる

イラスト●三浦宏元

南青山の「ビリケン商会」で古いメンコや双六、かるた等を初めて買ったのは、十五年前だ。最近では篠原勝之の描いた「蛇姫様」のポスター、ロバート・デニーロ人形を買った。この店の主人三原宏元は毎年年賀状に本人が描いた子供の絵を入れている。ロボットを抱いた少年の絵が気に入って、彼に私の幼い頃の絵を描いてほしいと願った。

「むずかしい注文だなあ。いつか描きます」あれから十三年。大きなスノードームを優勝カップのように抱いた絵が出来上がった。気かん坊だが泣き虫だった、五、六歳の自分にめぐり逢えて、心からうれしかった。

エッグシェル・ドームのたたずまい

エッグ・シェル・アートを初めて見たのは22歳。それは慶應義塾大学の福沢諭吉講堂である。明治時代の建物らしく煉瓦色に貼られたエッグ・シェルの美しさといったらなかった。当時森村学園の高等部に通っていた従兄弟が持っていたものだ。

それから約三十五年、アメリカで長く暮らしていた米持秀雄（82歳）に会った。彼は私を気に入ってくれて、ある日、「自分はこんなことが趣味なんですよ」と言って、大名行列の絵を描いたものとビードロを吹く女の絵柄のエッグ・シェルの写真を見せた。どちらも素晴らしい出来で、どんなものでも作れるらしいから、スノードームを頼んだ。

ニューヨーク土産のスノードームを渡すと、その三ヶ月後にこの作品が出来上がった。集中力の乏しい私にはとても無理な、根気のいる作業なので、八十二歳のパワーには圧倒された。こんな彼と出会えたことを心から感謝している。

石山暁子のイラスト

小学生の時、ポパイの絵を描いて夏休みの宿題とした。先生は絵具で色付けした漫画を無視した。

雑誌『ポパイ』を創刊した木滑良久に、クレパスで描いたホウレン草のカンヅメを持ったポパイの絵をプレゼントした。

「いいねえ、ありがとう」

毎日少しでも絵を描きなさい、と言ったのは椎根和だ。彼は、ライオンが二頭入っていて中に電気が点く奥さんのスノードームを持ってきてくれた人でもある。彼は、私の描いた中国の壺、両国橋、風神等の絵の四隅をとても褒めて、

●石山暁子（いしやまあきこ）

銀座の画廊で個展まで開いてくれた。

私の部屋の前の会社からは、アメリカ留学から戻った真面目な人妻、格闘ファンの女子大生、ズルイ女、太腿をやけに目立たせる女等、色々なタイプの女が出てきた。その中の一人にイラストレーターの石山暁子がいた。地味で、何時も下を向いていたので、声を掛けなかった。

一夜、表参道で彼女とばったり会った。「今晩は」。先に彼女が挨拶した。私は持っていた林檎を二つプレゼントした。彼女は礼を言った後で、「百瀬さんを見ているだけでパワーがもらえるんです」。それから一年、石山は陰から陽へと変身。今では縁の下の力持ちよろしく、その実力をふるってもらっている。

動物・恐竜スノードーム

「犬と恋人は持ちたくない、別れが辛いから」

愛犬のベルを裏山へ埋めたのは小学四年。以来、犬も猫も飼ったことはない。今は招き猫と猫の絵を少し蒐めている。猫の絵を描いたら藤田嗣治の右に出る者はいないだろう。蛙好きも多いのか、蛙のスノードームは時々見つける。熊や鹿もある。女優関根恵子が両手に蛇を掴んだのをＴＶでみてふるえ上った。「蛇長すぎる」私は蛇が嫌いなのだ。「蛇の目は可愛いじゃありませんか」と言う女のために蛇のスノードームを探しているが、まだ探せない。変った恐竜のスノードームは高橋とよ子のオーストラリア土産だ。

Hawaii

Hawaii

JAMAKA

GREMLINS

JUNKYARD DOG

big
brown
bag

PARIS
PARIS

CAESARS

美女といっしょにスノードームを楽しむ

●小池栄子（こいけえいこ）

YOUNG AT HE

鹿島 茂コレクション

　パリには美しい建物や絵画がたくさんあるんですが、留学中の僕の体験したものでびっくりするほど輝いて見えたのは、ブローニュ・ビヤンクール商店街の白熱灯が五時になると一斉につく光景でしたね。感動しました。鹿島茂教授の言葉だ。

　私はお上りさんとして、四度パリの地を踏んだが、長くて一週間だったから、「リド」、パリ「虎屋」で時を過ごしたくらいだ。が、三度目に旅した時に見た、ディファンスの新・凱旋門には感動した。新・凱旋門の前にあった移動式回転木馬に乗ろうとすると「後三十分待て」とのことだったので、400フランやって無理矢理乗せてもらった。

　教授はお尻を出した水玉のワンピースの娘、フランス菓子マ

カロンの美味しいサロン・ド・テ「ラデュレ」のスノードーム、ポルトガル名物バルセロスの雄鶏のスノードームとめずらしいものを外国旅行する度に買ってきてくれる。「ナポレオン・ボナパルト」の入ったものを探してほしいと強く願っている。

●鹿島　茂（かしましげる）
1949年生まれ、フランス文学者。共立女子大学教授。神奈川県出身、神奈川県立湘南高等学校卒業。東京大学大学院人文科学研究科博士課程修了。19世紀フランスを専門とし、オノレ・ド・バルザック、エミール・ゾラ、ヴィクトル・ユーゴーらを題材にしたエッセイで知られる。古書マニアとしても有名である。猫好き。

ボブ・サップがくれた龍がいるスノードーム

猫と鯉をこよなく愛するボブ・サップは理工系の学生だった。本来ならフラスコを片手に新薬の研究に没頭していたはずだがその巨体と駿足を見込まれてアメリカンフットボールの選手にされた。彼の父親は息子の甘えを熟知していたのだろう、彼がシアトルの大学の合宿所に入った日、自分の家の電話番号を変えてしまった。辛い練習の後ぐちを言う両親もいなくなったボブは泣きながら練習に励んだ。シアトルの大学の有名な選手となったが骨折し、ジェット機のように早やかったスピードは落ちた。どんなに頑張っても元には戻れなかった。彼は人気レスラー、ゴールドバーグの活躍する団体に所属した。が、ゴールドバーグが他の団体と契約すると、ボブの団体は客が呼べずあっさりと閉鎖された。

　私がボブ・サップを見たのは、K—1の大会の日の控室だ。まだ海のものとも山のものとも判らない彼は、モスグリーン色の背広を着て、誰一人出入りしない小部屋にぽつんと坐っていた。廊下を歩いていた私は半分開いていた戸の隙間から音無しそうな大男が見えた。一目で気に入った。私は何のためらいもなくボブの前に立ち

「ナイス・ミーチュー」

と言いながら手を出すと、ボブはにっこり笑って握手した。可愛い目をしていた。総合格闘家としてデビューしたボブの強さ凄さに圧倒された。その中でも二〇〇二年八月二十八日、国立競技場で行った格闘の王者アントニオ・ホドリゴ・ノゲイラとボブの試合は怪力と技のせめぎ合いで見る者総てを唸らせた。決果はアナコンダのように相手を巻き込む技の名手ノゲイラの勝利で終わったが、

「ごめんなさい。僕、敗けちゃった」

ボブは試合後直ぐ挨拶に来てこう言った。この日から一夜で有名になった詩人のバイロンよろしく、ボブは日本中の人気者となった。龍のスノードームは私の誕生日祝にボブがアメリカで探したものだ。ボブが案内してくれたシアトルへは又旅したい。

スノードーム英雄譚

土橋英恵から年賀状が届いた。賀状の裏には鉛筆で私の顔が描いてあった。この五年後、スノードームと俺を描いてほしいと願った。出来上がってきた絵を見た時仰天した。凄い、凄過ぎる、どんなに有名な劇画ヒーロー達をもぶっちぎりにしているではないか。

「百年の青春」

は俺の夢だが、年々体力がへばってきて、その大望も崩れそうだった。この絵はそんな自分に強烈な一撃をくらわした。もっと精神を鍛え直し、がんばらねばと思う気持ちが体内に満ちてきた。

敬愛してやまぬマガジンハウスの木滑良久が百十歳を迎えた年、俺は百になる。

「百瀬の滝をのぼりなば、たちまち龍になりぬべき」

小学校五年の時に教わった唱歌だ。瀬とは「水流の急なところ・はやせ」の意だが、俺はこれまでの人生で幾つの急灘を渡ったのだろう。百までの道程《みちのり》は遠い。これから新正を迎えるごとに辛いものとなるだろう。そのことを肝に命じ、目の前に次々と現れる数多くの敵を撃破しなければいけない。

土橋英恵の自由自在さの技は持って生まれたセンスと力量なのだろうが、あまりにも個性的だ。彼女の優しさに甘えて、

石原裕次郎

柳橋から隅田川の花火を見る

少年

裏山へ埋めた愛犬ベル

織田信長の首もほしいが、四枚も注文したら出来上がるまで何年もかかるだろう。欲張りは自滅する。

イラスト●土橋英恵

スノードームに魅せられて

2006年 10月20日 初版印刷
2006年 10月30日 初版発行

著　者　百瀬博教
発行者　堀内明美
発　行　有限会社　茉莉花社
〒173-0037　東京都板橋区小茂根3-6-18-101
電話　03-3974-5408
発　売　株式会社　河出書房新社
〒151-0051　東京都渋谷区千駄ヶ谷2-32-2
電話　03-3404-1201（営業）
03-3404-8611（編集）
http://www.kawade.co.jp/

印刷・製本所　（株）ティーケイシー印刷・製本事業部

定価はカバー・帯に表示してあります。
落丁本・乱丁本はお取り替えいたします。

ISBN 4-309-90697-4 C-0077

★

スノードームのコレクションには下記の方たちの協力もいただきました。

安西水丸	大谷泰顕	桜庭和志	谷川貞治
麻生洋央	大塚　崇	佐竹雅昭	富永正人
荒木伸一	折敷出慎治	島崎勝弘	長坂信人
安藤真帆	甲斐拓彦	島崎爽助	西村幸子
石田　裕	柿内扶仁子	島村高司	新田結子
石川順一	鹿島　萌	水道橋博士	長谷川靖
石川宏明	加瀬景子	周防真理子	原田維夫
石飛千恵美	門田　麗	鈴木芳雄	平山莉子
市野川昌也	北脇佳子	曽原　健	廣中　薫
稲葉由紀	木村幸子	高橋秀幸	桝井省志
井上きびだんご	熊井三典	高橋文代	松尾太一
臼倉和紀	小林賀子	高山善廣	松崎泰三
内田統子	小林義昭	滝沢友日子	三田高裕
太田光俊	小路　晃	辰野めぐみ	吉田真一郎
太田垣晴子	坂口泰司	田中義丈	渡辺道治

★アイウエオ順、敬称は略させていただきました。上記の他に、ここに記せないほどの沢山の方たちに協力していただきました。有難うございました。（百瀬）